철학의 은유들

METAPHOR

단×추

메타포: 철학의 은유들

메타포는 전이를 의미하는 고대 그리스어 '메타포라'에서 유래했다. 형태적으로는 '너머'를 뜻하는 메타(meta)와 '운반하다'라는 의미의 페레인(pherein)이 결합된 것이다. 오늘날에도 현대 그리스어에서는 이삿짐이나 운송 트럭 또는 계좌이체와 같이 형태적 이동이 일어나는 것을 '메타포레(metaphorés)'라고 한다. 언어 영역에서 메타포는 서로 다른 두 단어의 동일화, 다시 말해 '의미의 전이'를 뜻하며, 이는 대부분의 서양 언어에서 동일하게 이해된다.

하지만 이와 같은 동일화가 메타포로 성립하기 위해서는 고려해야 할 사항이 있다. 바로 '의미장(semantic field)'이다. 각각의 단어를 둘러싼 어휘의 집합인 의미장은 사전적인 의미로 서로 연관이 있는 유사어뿐만 아니라 다양한 맥락에서 상호보완적으로 사용되는 표현들을 포함한다. 진정한 메타포적 의미의 전이는 한 단어가 본래 속해 있던 의미장에서 벗어나 연관되지 않은 전혀 다른 의미장으로 넘어갈 때 발생한다. 메타포는 메시지의 핵심을 담고 있기 때문에, 함축적 의미 전달 과정에서 생략될 수 있는 문자적 표현은 메타포가 완전히 이를 대체할 수 없다. 그러므로 모든 메타포는 변화의 요소를 포함한다.

철학에서 은유는 대부분 개념적 은유이다. 형태가 없어 보이지 않는 개념 또는 아이디어를 실재하는 무언가를 지칭하는 표현과 결합하여 감각의 영역으로 끌어들인다. 이를 통해 개념은 이미지가 된다.

하지만 우리는 은유를 통해 '개념의 형상화' 그 이상을 얻을 수 있다. 왜냐하면 은유는 우리를 둘러싼 다양한 색과 형태와 냄새와 생명이 존재하는 이 세상에 대한 이해를 반전시킬 수 있는 새로운 시선을 가능하게 하기 때문이다. 이렇게 철학의 은유들은 추상과 구상의 경계를 허물며 우리의 지성을 자극한다. 그리고 우리가 세상과 자신을 이해하는 방식 그 자체가 결국 우리가 사용하는 은유들로 구성된 것은 아닌지 생각하고 질문하게 한다.

목차

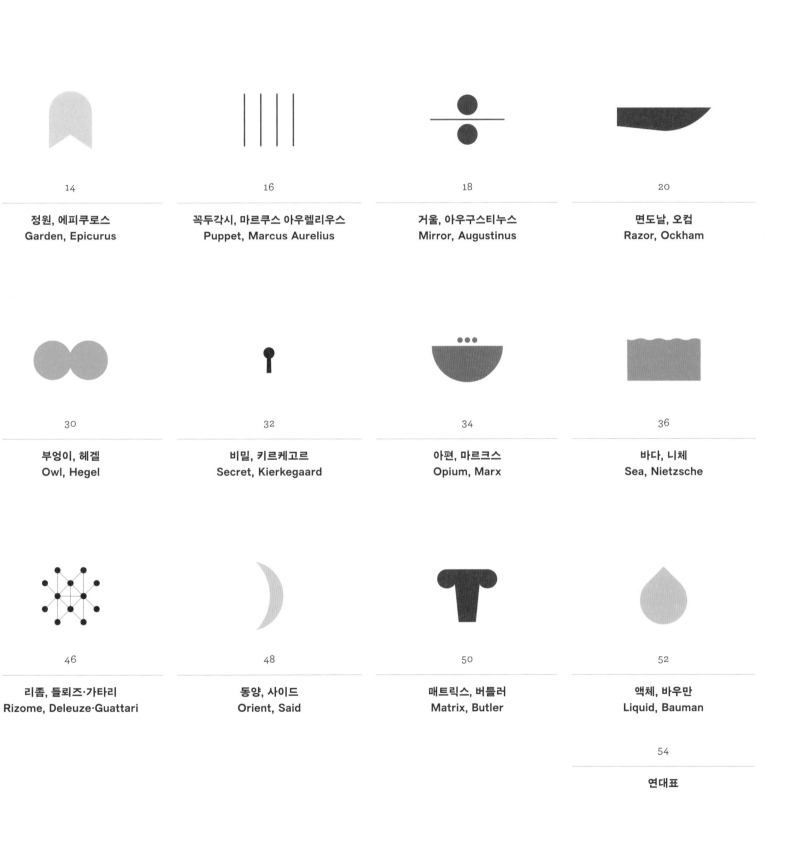

강

헤라클레이토스
《소크라테스 이전 철학자들의 단편 선집》딜스-크란츠 번호* 22 A 6
기원전 6~5세기

"우 리 는 같 은 강 물 에 두 번 들 어 갈 수 없 다 ."

헤라클레이토스의 강물 은유는 서양 철학에서 변화와 유동성의 개념을 상징적으로 보여주는 가장 초기의 중요한 은유 중 하나다. 그의 고향 에페소스에서 가까운 이오니아 해안 도시 밀레토스에는 탈레스와 아낙시메네스 같은 초기 사상가들이 있었다. 이들은 은유적 차원이 아닌 만물의 원질로서 물과 공기 같은 요소에 주목하며, 신화나 전설을 벗어나 세계의 기원을 탐구했다. 이는 철학적 사고의 시작이었다.

당시 헤라클레이토스의 언어는 사람들에게 새롭고 낯선 충격을 주었다. 그는 강물이 퍼지고 모여들며, 합쳐지고 흩어진다고 말했다. 또한 같은 강물에 들어 갈 수도, 들어가지 않을 수도 있으며 우리가 우리 자신일 수도, 아닐 수도 있다고 말했다.

아리스토텔레스는 헤라클레이토스의 언어가 논리적 범주를 벗어나 이해하기 어렵다고 평가했다. 같은 사물이나 현상을 어떤 때에는 수수께끼처럼, 또 다른 경우에는 행동 규범이나 물리학 법칙처럼 서술하여 모호하게 표현한다고도 했다. 그래서 우리는 그를 '어둠의 철학자', '난해한 철학자'라 부르기도 한다.

"판타 레이(Panta Rei)"는 고대 그리스어로 '만물은 흐른다'는 뜻으로, 헤라클레이토스의 제자들은 그의 철학을 이렇게 요약했다. 끊임없이 변하고 운동하는 세계는 강물의 은유를 통해 시각화되며, 흐르는 강물처럼 모든 것은 변화한다. 헤라클레이토스의 이 은유는 철학과 종교, 시의 역사 속에서 변화의 계속성을 강조하며, 객관적 세계에서 개인의 내면적인 시간으로까지 이어진다. 우리가 다시 강물로 내려갈 때, 이미 처음 내려갔던 순간의 우리는 아니다.

소크라테스 이전 철학자들

헤라클레이토스는 소크라테스 이전 철학자들을 대표하는 인물이다. "소크라테스 이전 철학"이라는 분류는 19세기 독일 낭만주의 시대에 처음 정의되었으며, 이는 소크라테스(기원전 470~399)가 등장하기 전 형성된 철학 사조로, 소크라테스의 영향을 받지 않은 독자적인 사유 체계를 가리킨다. 대표적인 인물로는 헤라클레이토스 외에 압데라 출신의 데모크리토스(기원전 460~370)가 있다. 다른 소크라테스 이전 철학자들과 마찬가지로 헤라클레이토스의 사상은 온전히 전해지지 않았다. 그의 사상은 후대 철학자들과 문인들의 기록과 증언을 통해 단편적으로만 접할 수 있는 철학적 유산이다.

* '딜스-크란츠(Diels-Kranz) 번호'는 독일 학자 헤르만 딜스와 발터 크란츠가 정리한 고대 그리스 철학자들의 단편을 수집하고 분류한 체계이다. 여기서 언급된 '딜스-크란츠 번호 22 A 6'에서 22는 헤라클레이토스를 가리키는 고유 번호이며, A는 철학자에 대한 간접적 정보나 외부 출처에서 인용된 내용, B는 철학자의 직접적 발언을 뜻하며 6은 단편의 번호이다. (편집자 주)

파르메니데스

《소크라테스 이전 철학자들의 단편 선집》 딜스-크란츠 번호 28 B 8
기원전 6~5세기

"존재자는 모든 방면에서 완전하여 완벽한 구와 유사하다."

파르메니데스는 존재자가 유일하고 불변하며, 움직이지 않고, 나눌 수 없고, 생겨나거나 사라지지 않기 때문에 완전한 구와 같다고 말했다. 그의 사상은 감각 경험(시각, 후각, 촉각 등)을 배제하기 때문에 처음 접하는 이들에게 매우 낯설게 느껴졌다. 사유와 존재를 일치시키며 존재자를 완전무결한 것으로 정의한 철학자는 파르메니데스가 유일하다. 그는 존재자를 쉽게 이해할 수 있도록, 구체적이고 시각화 가능한 은유로 완전한 구라는 이미지를 사용했다.

파르메니데스의 《자연에 대하여》는 호메로스의 〈일리아스〉와 〈오디세이아〉와 동일하게 6보격 시로, 그가 태어난 엘레아의 말이 아닌 서사시에 사용되는 예술적 언어로 집필되었다. 당시 시 형식으로 쓰여진 철학적 텍스트는 매우 드물었다. 특히 이 작품의 판타지적 도입부는 주목할 만하다. 파르메니데스는 심오한 지혜를 전해 주는 여신과 함께 빛을 향해 마차를 끄는 암말의 이미지를 사용하여, 연역적 추리와 논리를 철학에 도입한 첫 번째 철학자가 되었다. 그의 철학에 따르면, 이 세계에는 있는 것은 있고 없는 것은 없으므로, 비존재는 사유하거나 탐구할 수 없다. 따라서 존재는 불멸하고 유일하며, 변하지 않는 완전한 실체로 남는다.

파르메니데스의 사상은 이후 존재에 관한 철학적 사유의 출발점이 되었으며, 합리주의와 논리학의 토대를 마련했다. 그의 영향력은 시대를 넘어 오늘날까지 이어지고 있다.

형이상학

존재에 대한 파르메니데스의 사유는 형이상학의 핵심 주제다. 고대 그리스에서는 형이상학을 '제1철학' 또는 '최초의 원인과 원칙에 대한 학문'이라 불렀다. 약 400년 후, 로도스의 안드로니코스가 "ta meta ta physika"라는 이름으로 아리스토텔레스의 글을 《자연학(Physics)》에 부록처럼 붙이면서 형이상학이라는 명칭이 생겨났다. 이 명칭은 원래 '자연학 뒤에 있는 것'이라는 뜻으로, '물리적 세계를 넘어서는 것'이라는 의미를 포함하게 되었다.

음양

노자
《도덕경》 제42장
기원전 6~4세기경

"만물은 음을 등지고 양을 가슴에 안고 있다."

음과 양은 본래 산의 두 측면, 즉 양지바른 곳과 그늘진 면을 의미한다. 그러나 도가사상에서는 이 두 표현을 하나로 결합한 '음양'이라는 개념을 통해 서로 대립하면서도 보완하여 천지만물을 형성하는 두 가지 기운을 설명한다. 음양은 양면성 또는 세계를 구성하는 상반되는 성질을 나타내는 보편적인 은유로 사용된다. 예를 들어 존재와 부재, 진실과 거짓, 빛과 어둠, 선과 악, 태양과 달 등의 관계를 설명할 때 음양의 은유를 사용할 수 있다. 《도덕경》의 '만물(萬物)'에도 음양의 은유를 적용할 수 있다.

도가사상에서 '도(道)'는 모든 것의 근원이다. 형태도, 한계도, 시작도, 끝도 없으며 이름조차 없다. 이 정의는 《도덕경》 첫 문장에 나와 있다. "도를 말로 설명할 수 있다면 그것은 진정한 도가 아니다." 그러나 만물의 이원적 법칙을 음양 개념과 결합함으로써 '도'를 어느 정도 설명할 수 있다. 이는 도가 음양을 포함한 상반된 개념의 집합이라기보다, 그 개념들을 움직이게 하는 힘 또는 기운이기 때문이다.

음양은 철학적 은유 중에서도 특별한 경우이다. 의미가 추상에서 구상으로 전이되지 않고, 또 다른 추상적 개념으로 옮겨가기 때문이다. 이런 이유로 음양을 설명할 때 물결 치는 선으로 원을 반으로 나누고, 각 부분에 점을 찍은 '태극' 기호를 사용한다.

도가사상

기원전 6세기에서 3세기 사이, 황허 강의 지류인 웨이허 강 유역에서는 여러 철학 사조가 형성되었으며,
이들 중 하나가 도가사상이다. 도가의 대표 경전인 《도덕경》은 상반되지만 공존과 조화를 통해 세상을 이루는 개념들,
무위(無爲) 그리고 허(虛)나 비움에 대해 다룬다.

동굴

플라톤

《국가》 514a~517a

기원전 427~347

"사람들이 거대한 지하 동굴에 살고 있다고 상상해 보라."

우화는 움직이는 은유다. 한 지점이나 한 단어에서 즉각적으로 완결되는 은유와 달리, 우화는 이야기의 시작부터 끝까지 하나의 은유를 지속해서 밀고 나간다. 이때 우화의 의미는 표현 그 자체가 가지는 것과 저자가 그 안에 숨긴 의미, 두 가지 힘 사이에서 드러난다. 플라톤의 동굴 비유는 이러한 우화의 전형으로, 수 세기 동안 철학적 사유의 중요한 주제로 이어져 왔다.

동굴 비유의 내용은 단순하다. 동굴 안에 사슬로 묶인 죄수들은 태어날 때부터 그들의 등 뒤에 있는 모닥불이 만든 그림자만을 보게 된다. 죄수들과 모닥불 사이에는 꼭두각시 인형을 조종하는 사람들이 있어, 이들은 다양한 도구와 사람, 동물, 사물 모양의 인형을 움직인

다. 이러한 연극적인 상황 속에서 죄수들은 동굴 벽에 투영된 그림자만을 유일한 현실로 여긴다. 여기서 누군가가 사슬을 끊고 동굴 밖으로 나가야만 햇빛을 쬐며 바깥 세상의 진짜 현실을 마주할 수 있다.

플라톤은 이성으로 인지하는 이데아의 세계만이 진실이며, 감각으로 경험하는 현실은 일종의 환영이라고 보았다. 동굴 비유를 통해 이러한 두 세계의 차이를 시각적으로 보여 주려 한 것이다. 그러나 시간이 지나면서 동굴 우화는 플라톤의 독점적 설명에서 벗어나, 애초의 철학적 체계를 넘어서 해석되기 시작했다. 이로 인해 동굴 우화는 다양한 해석을 통해 우리 삶을 억압하는 여러 종류의 '사슬'에 대해 성찰하게 한다.

고대 그리스 철학

그리스 철학사는 크게 소크라테스(기원전 470~399) 이전과 이후로 나뉜다. 소크라테스는 "나는 아무것도 모른다는 것만 안다"는 무지의 인식에서 출발하여, 끊임없는 질문과 답을 통해 정치, 윤리, 정의 등의 개념을 탐구했다. 그의 제자 플라톤은 《대화편》에서 스승을 주인공으로 내세워, 스승의 사유 방식을 바탕으로 자신만의 철학적 비전을 제시했다. 고대 그리스 철학은 소크라테스와 플라톤을 거쳐, 플라톤의 제자인 아리스토텔레스(기원전 384~322)로 이어지며 발전했다.

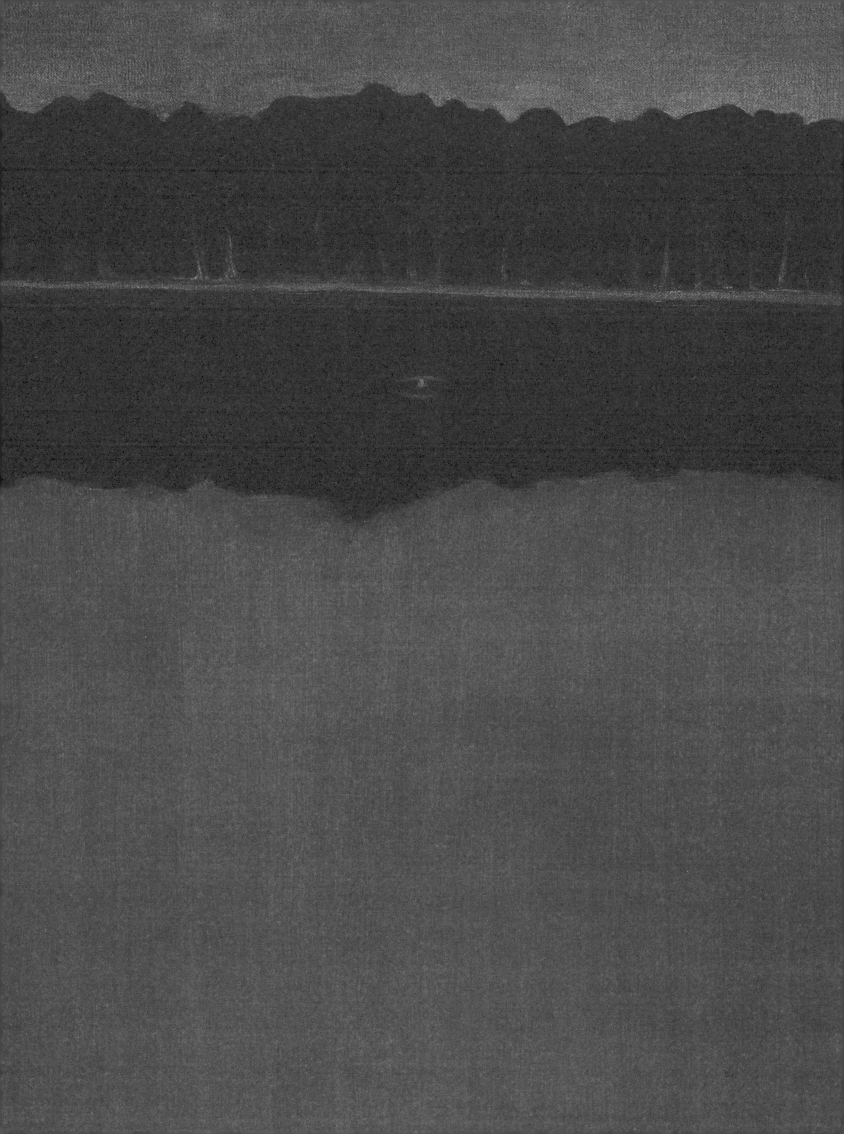

정 원

에피쿠로스
에피쿠로스의 정원 입구에 새겨진 문구
기원전 341~270

"나그네여, 여기서 그대는 편히 지낼 것이오.
이곳의 최고선(最高善)은 쾌락이라네."

에피쿠로스는 '정원'이라는 단어를 아테네 근교에 매입한 실제 정원과 그곳에 설립한 철학 학교, 그의 가르침을 따르는 제자들을 지칭하기 위해 직접적인 의미로 사용했다. '정원'이라는 용어는 그의 저서 어디에도 나오지 않는다. 그럼에도 불구하고 에피쿠로스의 가장 강력한 철학적 은유가 되었다. "정원은 물을 주고 가꾸어야 하는 우리의 영혼, 우리의 내면이다."

'정원 학교'를 설립하면서 에피쿠로스는 기존의 철학적 전통에 전환점을 가져왔다. 그는 육체적 경험에서 출발해 감각으로 인지할 수 있는 것에 집중하며, 인간의 구체적이고 개인적인 행복을 탐구하기 위한 새로운 사유의 공간을 만들었다. 그리고 마케도니아의 왕이자 헬라스 동맹의 최고 사령관이며 이집트의 파라오, 페르시아의 왕이었던 알렉산더 대왕의 제국 앞에서 혼란에 빠진 영혼들에게 에피쿠로스는 가장 쉬운 언어로 철학을 설파하며 그들에게 치료제가 되기를 바랐다.

정원 학교는 파편화된 외부 세계에 대한 반작용이었다. 정원 안에서는 양배추, 무, 순무, 사탕무가 자라는 동시에 과잉의 세계 속에서 행복에 도달하기 위한 필수 요소인 평온함(정신적 동요나 고통이 없는 '아타락시아')과 자족의 상태(사색을 통해 얻는 영혼의 평화와 스스로 만족하는 '아우타르케이아')도 함께 꽃피웠다. 에피쿠로스는 정원에서 자신의 철학을 통해 행복을 추구하는 고요한 길을 제시했다. 그리하여 그의 '정원'은 철학적 은유가 되었고, 18세기에 볼테르의 유명한 말 "우리는 우리의 정원을 가꾸어야 한다"에서 다시 한 번 강조되어 그 의미가 지금까지 이어지고 있다. 오늘날에는 문자 그대로 '정원의 은유'로 쓰이며, 자기 인정과 자기 수용을 위한 심리적 치료법을 이야기할 때 인용된다.

헬레니즘 철학

알렉산더 대왕이 기원전 323년에 사망한 후, 완벽한 자치 체계를 구축하며 성장해 온 도시 국가들로 구성된 고대 그리스는 거대한 제국에 통합되었다. 커다란 변화 속에서 그리스 시민은 실존적, 도덕적 지표 없이 길을 잃은 고아와 같았다. 이러한 상황에서 해답처럼 등장한 스토아 학파, 회의주의, 에피쿠로스주의는 헬레니즘 철학의 주축이 되었다. 이후 헬레니즘 철학의 시대는 클레오파트라가 사망하고 이집트가 로마 제국에 합병되면서 막을 내렸지만, 헬레니즘 철학은 로마 제국에서 다시 이어졌다.

꼭두각시

마르쿠스 아우렐리우스
《명상록》 7권 29장
121~180년

"꼭 두 각 시 가 되 지 말 라 ."

아주 오래 전부터 인간은 운명, 우연, 또는 창조주에 의해 조종되는 꼭두각시에 비유되었다. 그 예는 구약성서 창세기에서 볼 수 있다. 창세기에는 진흙으로 빚은 덩어리에 입김을 불어넣어 인간을 창조하는 조물주가 등장한다. 그리스 신화에는 꼭두각시를 조종할 실을 잣고, 길이를 재고, 자르는 운명의 세 여신이 있다. 이처럼 꼭두각시는 보이지 않는 힘과 운명 앞에 굴복하는 인간, 나아가 세계 제국과 권력 집단에 복종하는 인간을 나타내는 은유로 남았다.

꼭두각시 은유를 탁월하게 활용한 철학자 중 한 명이 로마 제국의 황제이자 철학자였던 마르쿠스 아우렐리우스다. 그는 이 은유를 전복하여 다음과 같이 말했다. "우리는 외부의 힘에 의해 조종되는 꼭두각시가 아니다. 우리를 움직이는 것은 오직 행복을 향해 나아가도록 부추기는 우리 내면의 열정이다."

마르쿠스 아우렐리우스는 고대 철학의 언어였던 그리스어로 자신을 위해 쓴 《명상록》에서 꼭두각시의 은유를 여덟 번 반복해서 사용했다. 같은 은유를 반복적으로 사용한 것은 그의 철학에서 자율성과 내면의 고요가 중요하기 때문이다. 육체와 정신(영혼)에 대한 고전적 구분과는 달리, 그는 인간이 세 가지로 이루어졌다고 보았다. 이는 육체와 생명의 숨결인 영혼 그리고 안내자 역할을 하는 '내면의 신' 또는 '지성'이다. 또한 인간이 본능의 꼭두각시가 되지 않도록 하는 것은 지성이라고 강조했다.

마르쿠스 아우렐리우스의 철학은 사변적인 관심보다는 실제 삶에 초점을 맞춘다. 그는 내면의 충동과 열정을 제어함으로써 얻는 고요만이 우리를 적대적인 세상의 불안과 억압에서 자유롭게 하고, 행복을 위해 필요한 자주성을 갖추게 한다고 강조했다.

스토아 철학
'스토아'라는 명칭은 스토아 철학의 창시자인 키티온의 제논(기원전 334~263)이 제자들을 가르쳤던 장소에서 유래했다(스토아는 그리스어로 '회랑'을 의미한다). 고통과 쾌락, 슬픔과 즐거움에 초연함으로써 자신을 다스릴 수 있다고 말하는 스토아 철학은 고대 로마에서 성장했다. 스토아 철학에 심취했던 대표적인 인물로는 세네카(기원전 4~기원후 65년경), 에픽테토스(기원후 50~135년경) 그리고 마르쿠스 아우렐리우스 황제가 있다. 오늘날에도 스토아 철학을 지칭하는 형용사 stoic은 극기심이 강하고, 고난 앞에서도 평정심을 유지하는 사람을 의미한다.

거울

아우구스티누스

《고백록》10권 5장
354~430년

"지금 우리는 답이 희미한 수수께끼와 같은 거울을 통해 보고 있다."

거울과 그 반사된 이미지는 아우구스티누스의 사상을 관통하는 중요한 은유이다. 거울 은유는 그의 철학 곳곳에 등장하여 인간이 신성, 외부 세계, 내면을 인식하는 방식 그리고 성경에 쓰인 내용의 진정한 의미에 대한 설명을 보완한다. 즉, 아우구스티누스식 지식 이론, 윤리학 및 해석학의 이해를 돕기 위해 사용된다.

아우구스티누스는 바울이 고린도인들에게 보낸 첫 번째 편지의 한 구절을 인용한다. "우리가 지금은 거울로 보는 것 같이 희미하나 그때에는 얼굴과 얼굴을 대하여 볼 것이요." (고린도전서 13장 12절) 눈앞에 펼쳐진 세계의 다양성과 색채를 영원하고 본질적인 더 높은 차원의 세계의 반영으로 이해하는 사상은 이미 고대 그리스 철학자 파르메니데스나 플라톤에게서 찾아볼 수 있다. 아우구스티누스는 이들의 사상에서 출발하여 고대 철학의 이원론을 기독교에 적용했다. 그는 '거울'을 세계를 창조한 완벽하고 위대한 신 앞에 가져다 놓았다. 그에게서 거울은 그의 내면까지 비추기에, 자신을 아는 것은 곧 신의 광채를 느끼는 것이었다. 그리고 다시금 거울 은유는 확장되어, 거울에 반사된 신성한 빛은 성경의 숨은 의미를 밝히는 열쇠가 되었다.

아우구스티누스의 '거울'에는 신만 존재하기 때문에 인간의 자리는 없다. 고된 과정을 거쳐 뒤늦게 기독교로 개종하기 전에 아우구스티누스는 《독백》(2권 9장 17절)에서 현대적 감성에 더 가까운 성찰을 했다. 이는 그가 자신의 철학을 설명하기 위해 사용했던 중요한 신학적 은유를 무력화한 것이다. 그리하여 아우구스티누스는 묻는다. "거울 속 이미지는 당신과 같고자 하나, 그러지 못하기에 거짓인가?"

교부 철학

교부 철학은 1세기부터 8세기까지 성직자들 사이에서 활발히 연구된 초기 기독교 교리 및 신학을 뜻한다.
교부 철학의 토대가 되는 사상은 고대 그리스 철학의 종결점인 플로티누스(205~270)의 신플라톤주의이다.
가시적 세계의 배후에 그 궁극적 원천으로서 일자(一者, the One)가 있다고 상정한 플로티누스의 사상에서 출발해,
교부 철학은 신학을 절대적 믿음의 영역에서 철학의 영역으로 확장시켰다. 아우구스티누스가 대표적인 인물이다.
이후 신학적 사유의 중심은 로마에서 비잔틴 제국으로 옮겨 갔다.

면 도 날

오컴

《논리학 대전》 1권 12장

약 1287~1347

"더 적은 것으로 할 수 있는 일을 더 많은 것을 통해 얻는 일은 헛되다."

오컴의 면도날 은유는 논증의 경제성 원칙을 설명하는 데 사용된다. 면도날이 불필요한 것을 제거하듯, 절약성의 원리는 꼭 필요하지 않은 모든 가설, 가정 또는 명제를 제거할 것을 요구한다. 방법론적 도구로서 면도날 은유는 오늘날에도 천체물리학에서 의학에 이르기까지 과학 전반에서 자주 인용된다.

단순성의 원리는 고대 그리스 아리스토텔레스 시대부터 철학에서 사용되었다. 그러나 "오컴의 면도날"이라는 용어는 1649년에 벨기에 과학자이자 신학자였던 리베르트 프로이드몬트에 의해 확립되었다. 이는 경제성 원리를 효과적으로 빈번하게 적용한 영국의 성직자이자 유명론자인 오컴의 윌리엄을 기리기 위해 만들어진 용어다. 면도날 은유는 오컴의 이름과 함께 오늘날까지 이어지고 있다.

"오컴의 면도날"은 날카로운 칼처럼 강력한 은유로 자리잡았다. 면도날 은유와 혁신적인 논리 체계를 통해 오컴은 말과 사물, 논리학과 신성을 중심으로 하는 형이상학적 질서 사이에 명확한 구분선을 그었다. 즉, 철학적 사고와 신학적 사고를 분리하여 사유의 주체를 새롭게 인식하게 했다. 오컴은 1328년 교황 요한 22세에 의해 파문되었으나, "오컴의 면도날"은 불필요한 모든 것을 잘라내고 새로운 시대를 향한 사상과 과학의 전환을 위한 철학의 길을 열었다.

스콜라 학파

사색에 전념하는 시간을 지칭하는 고대 그리스어 "스콜레(자유시간)"에서 유래한 스콜라 학파는 중세 말기 마지막 500년 동안 등장한 다양한 학파를 아우르는 명칭이다. 스콜라 철학의 핵심은 보편 논쟁으로, 이는 보편이 실재한다고 주장하는 실재론과 보편은 단지 이름에 불과하다는 유명론의 대립에서 비롯되었다. 오컴이 대표했던 유명론에서는 보편은 단지 이름에 불과하므로 불필요한 전제는 잘라내야 한다는 입장이었다. 이는 결국 근대 철학의 도래 이전에 스콜라 철학의 쇠퇴를 불러왔다.

여 행

몽테뉴

《수상록》 3권 9장

1533~1592

"나는 무엇 때문에 여행을 하느냐고 묻는 이들에게
내가 피하려고 하는 것이 무엇인지는 잘 알지만,
내가 찾으려는 것이 무엇인지는 잘 모르겠다고 답하곤 한다."

프랑스의 철학자이자 작가, 인문주의자였던 미셸 에켐 드 몽테뉴는 자신의 철학적 여정을 여행과 글쓰기를 통해 탐구했다. 몽테뉴에게 여행은 새로운 문화를 경험하고 타자와의 관계 속에서 자아를 발견하는 기회였으며, 글쓰기는 언어의 세계를 여행하며 내면의 숨겨진 영역을 탐색하는 과정이었다. 말을 타고 길을 떠나든 상상의 여행을 떠나든, 몽테뉴에게 여행은 자아와 세상을 탐구하는 은유적 행위가 되었다. 그는 여행을 통해 스스로를 객관적 시각에서 바라보고, 전통적인 틀을 벗어나 새롭게 세상을 인식할 수 있었다.

1492년 스페인 탐험가들이 아메리카 대륙에 도착한 후 유럽인들은 세상의 경계가 확장된 현실을 마주하며 바다 너머 미지의 세계를 바라보게 되었다. 이런 시대적 배경 속에서 몽테뉴는 식민지 수탈을 비판하고, 새롭게 접한 문화와 전통을 적극적으로 수용했다. 새로운 공기는 마시는 이를 정화하고, 편견과 억압으로부터 자유로운 사유를 할 수 있게 한다. 몽테뉴는 주어진 한계를 넘어서 인간 조건의 미묘한 차이를 관찰하며, 다양성 속에서 타인의 진리를 인정할 수 있었다.

물리적 여행에서 돌아온다는 것은 단순히 짐을 푸는 것이 아니라 여행에서 얻은 경험과 인상을 재구성하는 것을 의미한다. 언어로 재구성된 여행 경험은 그 과정에서 생겨난 의식의 변화를 증언하는 역할을 한다. 인간과 삶의 다양한 면을 탐구하고자 했던 몽테뉴의 철학은 오늘날에도 의견의 다양성을 존중하는 중요성을 강조한다. 이러한 철학적 태도는 그가 항상 지니고 다녔던 메달에 새겨진, 완벽한 균형을 이루는 천칭으로 상징된다.

인문주의

인문주의는 14세기부터 16세기까지 유럽에서 성행한 철학 사조이다. 인문주의자들은 고대 그리스 및 라틴어 텍스트의 재발견을 통해 종교 중심의 중세적 관점에서 벗어나, 인간을 모든 것의 중심에 두는 새로운 세계관을 확립하고자 했다. '고대 그리스 로마 문화로의 회귀'라는 기치 아래 인문주의자들은 종교에 의해 오랫동안 억압되었던 인간 지성을 되살리고, 인간 존재의 의미를 새롭게 설명하며 근대적 사유로 나아가기를 열망했다.

늑 대

홉스

《시민론》

1588~1679

"인간은 인간에게 늑대다."

영국의 철학자 토마스 홉스는 인간의 '자연 상태'에 대해 암울한 시나리오를 상상했다. 그는 인간이 더 이상 아리스토텔레스 이후 고대 그리스 철학자들이 말한 사회적, 정치적 동물이 아니라 서로에게 늑대가 되는 현실을 그렸다. 즉, 타인에게는 늑대가 되어 위협적 존재로, 자신과 가까운 이들에게는 희생자이자 처형자로 변하는 인간을 상상한 것이다. 여기서 홉스는 고대 로마에서 비롯된 늑대 은유를 다시 꺼내 들었다. 늑대 은유는 인간의 이기심, 폭력성, 약탈 본능을 암시하는 라틴어 속담 "Homo homini lupus(인간은 인간에게 늑대다)"의 여러 변주로 널리 알려졌다.

홉스는 인간을 자연 상태에서 시민으로 발전시키기 위한 혁신적인 해석 모델, 즉 사회계약론을 제시했다. 개인이 자신의 자연권을 포기하고 주권자에게 그 권리를 위임하는 홉스의 모델은 사고 실험의 결과였다. 그는 어떠한 개인도 자연 상태에서는 타인 앞에 무력할 뿐이고, 타인을 지배할 만큼 강하지 않기 때문에 생존을 위해 외부의 질서에 의존할 필요가 있다고 주장했다.

이로써 국가가 탄생했다. 홉스는 성서에 등장하는 괴물의 이름을 빌려 이 국가를 '리바이어던'이라 명명했다. 홉스의 국가는 절대적이고 분할할 수 없으며, 질서를 추구하고 혼돈을 억제하며, 법에 대한 복종을 강제할 수 있는 체제를 세운다. 또한 국가는 공존을 보장하고 정의를 수호하며 새로운 자유의 틀을 세워 시민 사회의 기반이 된다. 이렇게 얻은 자유는 인간 내의 '늑대'를 길들이고 새로운 사회적 관계 형성을 가능하게 하며, 시민적 자질을 고양한다.

근대 정치 철학

근대가 시작될 무렵, 베스트팔렌 조약으로 신교와 구교 간에 벌어졌던 30년 전쟁이 끝났다. 이를 계기로 종교와 무관한 주권 국가 중심의 새로운 정치 질서가 시작되었다. 이 격변의 시기 속에서, 시민 사회와 군주 사이의 사회적 계약의 중요성을 강조한 토마스 홉스는 새로운 정치 철학의 이론적 토대를 세웠다.

빛

디드로
《자연의 해석에 대한 단상들》14장
1713~1784

" 이 땅에 빛이 퍼지리라. "

'빛의 세기'라고 불리는 18세기에는 과거와의 단절을 의도적으로 추구하는 움직임이 두드러졌다. 철학적, 정치적 혁신의 움직임이었던 이 흐름은 현재를 계몽하여 미래를 변화시키고자 했다. '계몽한' 철학자들은 이러한 방향으로 동시대인들을 설득하기 위해 빛의 은유를 사용했다. 그들은 이 은유가 가진 종교적 의미를 재해석했다. 창세기의 "빛이 있으라"라는 구절에서 언급된 '신성한 빛'을 '지식의 빛'으로 대체하며, 이 빛이 무지와 미신의 어둠을 몰아내고 폭정으로부터 인간을 해방시킬 것이라고 주장했다.

프랑스 철학자들은 모든 불합리와 무지의 어둠을 밝히고자 매우 야심차고 혁명적인 프로젝트를 추진했다. '과학, 예술 및 기술에 관한 체계적인 사전'이라는 부제를 단 《백과전서》 집필 프로젝트는 장르 롱 달랑베르와 드니 디드로의 공동 지도 아래 1751년에 시작되어 1772년까지 계속되었다. 140명 이상의 공동 작업자가 편집진으로 참여했으며, 본문 책 17권과 판화 도판집 11권으로 구성된 방대한 간행물로 완성되었다. 《백과전서》의 발간은 지식을 모두의 것으로 만들어 그 실용적 가치를 높인 역사적 사건이었다.

엄격했던 철학의 언어는 낙관, 평등, 관용, 형제애, 연대, 진보, 자유, 행복 등 새로운 개념의 도입으로 눈에 띄게 확장되었다. 진리는 시간이 흐르면서 절대성을 잃고 상대적 개념이 되었다. 자유의 개념은 우리가 세계 속에서 우리의 위치를 끊임없이 되묻게 한다. 1776년 미국 독립선언문에서 잘 나타나 있듯, 인간의 궁극적 목적과 가장 큰 열망은 행복 추구가 되었다.

계몽주의

계몽주의는 이성에 기반한 문화 운동으로, 17세기 후반 영국에서 태동했다. 이후 18세기 프랑스에서 크게 발전하며 유럽뿐 아니라 아메리카 대륙까지 영향을 미쳤다. 계몽주의는 다양한 사회 계층에 퍼져 나갔고, 종교와 국가가 절대 권력을 행사하던 시대에 종지부를 찍었다. 이는 단순한 문화 운동을 넘어, 이성을 통해 세상을 바라보자는 지적 태도였다. 이에 대해 독일의 철학자 임마누엘 칸트는 "스스로 생각할 용기를 가져라!"라고 외쳤다.

비 둘 기

칸트
《순수이성비판》 서론
1724~1804

"가벼운 비둘기는 자유로운 비행을 하다가 공기의 저항을 느끼면서,
공기가 없는 공간에서라면 더 잘 날 수 있으리라고 상상할지도 모른다."

독일의 철학자 임마누엘 칸트는 더 잘 날기 위해 넓은 빈 공간을 열망하는 공중의 비둘기 이미지를 통해 형이상학적 사유 방식, 제1원인론, 현실의 근본 원리를 은유적으로 보여 준다. 형이상학이 관념으로 경험의 한계를 뛰어넘으려는 시도를 칸트는 도그마적*이라 비판하며, 공기의 저항 없이 더 높이 날고자 하지만 결국 땅으로 떨어질 수밖에 없는 비둘기에 이를 비유했다.

칸트식 비판은 인간의 인식과 경험의 한계를 무시하고 감각적 근거 없이 이성만으로 절대적 진리를 추구하는 잘못된 추론을 경계한다. 그는 형이상학의 오류를 피하기 위해 감각적 경험을 강조하며 이를 지식의 필수 요소로 삼았다. 칸트는 지식이 보고, 듣고, 냄새 맡고, 맛보고, 만질 수 있는 감각에서 발생한다며 철학을 인간의 경험 세계에 고정시키고 이성 그 자체를 탐구하는 방향으로 나아갔다.

가까이 다가갈수록 파란색이 사라지고 하늘 그 자체가 보이는 것처럼, 이성의 이상적인 세계를 포기할 때 우리는 진리에 더 가까이 다가갈 수 있다. 얼핏 보면 철학의 역할이 감각의 영역으로 축소된 듯 보이지만, 이성과 그 작동 방식까지 탐구 대상으로 삼는다는 면에서 오히려 확장되었다고 할 수 있다. 칸트의 철학적 작업은 자연계에 대한 우리의 이해를 획기적으로 바꾸어 놓았다.

지식 이론

학문적으로 인식론이라고도 불리는 지식 이론은 앎의 토대와 체계를 탐구하는 철학의 한 분과이다.
핵심 질문은 '앎 혹은 지식이란 무엇이며, 어디에 기반하고 있고, 한계는 어디까지인가'이다. 칸트의 가장 중요한
저서인 《순수이성비판》은 1781년 초판이 인쇄되었으며, 탐구의 대상을 알고 있는 것에서 알고자 하는 것, 그리고 앎의
과정(어떻게 알아갈 것인가)으로 옮기며 근대 철학사에서 커다란 변곡점을 이루었다.

* '도그마적'이라는 말은 근거 없이 절대적인 진리로 받아들이는 태도를 뜻한다. 칸트는 이성만으로 절대적 진리를 탐구하려는 형이상학이
오류를 범할 위험이 크다고 보고, 지식의 근거는 감각적 경험에 기반해야 한다고 주장하며 이러한 표현을 사용했다.(편집자 주)

부엉이

헤겔

《법철학 강요》 머리말

1770~1831

"미 네 르 바 의 부 엉 이 는 황 혼 이 깃 들 무 렵 에 야 비 로 소 날 기 시 작 한 다 ."

부엉이는 오랜 세월 동안 철학의 상징으로 자리해 왔다. 고대 여러 문화에서 신성시되었던 부엉이는 고대 그리스에서는 지혜의 여신 아테나와, 후에 로마에서는 미네르바와 깊은 관련을 맺게 되었다. 달빛 아래 우는 야행성 동물의 이미지를 지닌 부엉이는 하루가 끝나고 어둠이 짙어질 때 비로소 날아오른다. 19세기 독일의 철학자 게오르크 헤겔은 검은 숲의 전나무 위를 나는 부엉이의 모습에서 큰 철학적 영감을 얻었다.

황혼의 빛 속으로 날아가는 미네르바의 부엉이를 언급한 헤겔의 유명한 경구는 부엉이가 상징하는 바와 그 은유적 의미에 대해 많은 것을 시사한다. 헤겔은 부엉이의 야행성을 강조하며 철학이 어둠 속에서 비로소 본질을 드러낸다는 점을 시사했다. 오후의 소음이 잦

아들고 밤의 고요가 찾아올 때 모습을 드러내는 부엉이처럼, 철학도 현실 세계가 형성되고 인식 과정이 완성된 후에야 비로소 날개를 펼친다. 헤겔은 철학이 미래를 예측하거나 과거를 바꾸는 것이 아니라고 말한다. "철학이 자신의 회색을 회색으로 덧칠할 때, 생의 모습은 이미 늙어버린 상태이며, 회색으로 덧칠한다고 해서 다시 젊어지는 것이 아니라 단지 인식될 뿐이다."

거대한 촉수처럼 방대하고 복잡하게 얽혀 있는 헤겔의 사상 체계에서 철학은 현실에서 일어나는 일들에 주목한다. 그의 관점에 따르면 해가 지지 않는 땅은 없으며, 결국 모든 곳에 황혼의 시간이 다가온다. 부엉이가 목을 돌려 주변을 살피듯, 헤겔의 철학은 예리한 시각으로 현재를 폭넓고 깊게 통찰한다.

독일 관념론

이상주의는 실용적 편리함보다는 이상향이나 신념에 따라 사고하고 행동하는 방식을 의미한다.
철학에서 관념론은 현실을 생각(이데아)의 산물로 보는 것이 특징이다. 18세기 후반에서 19세기 초 사이 독일에서
나타난 독일 관념론은 정신이 현실을 구성하는 데 중심적인 역할을 한다고 주장했다. 이 흐름의 대표적 인물로는
피히테(1762~1814), 셸링(1775~1854), 헤겔 등이 있다.

비 밀

🔑

키르케고르

《후서》 '요하네스 클리마쿠스'라는 필명으로 집필.
1813~1855

"그러니까 비밀이란 직접적으로 지식을 표현할 수 없음을 의미한다."

1839년 2월 2일, 덴마크의 철학자 쇠렌 키르케고르는 자신의 일기에 이렇게 적었다. "나에게 부족한 대륙을 찾기 위해 비밀 나침반이 가리키는 방향을 따라 온 세상을 돌아다녀야 할 것이다." 우리 모두에게는 각자 찾아내야만 하는 '대륙'이 있다. 키르케고르의 이 '여행으로의 초대'는 우리를 끊임없이 갈라지는 무한한 가능성의 세계로 안내한다. 그곳에는 '더 나은 길'이란 존재하지 않는다. 삶의 여정이란, 정해진 목표나 확실한 목적지 없이 한 걸음 한 걸음 나아가는 과정이다. 거기서 결국 중요한 것은 자신의 방향을 따라가는 것임을 깨닫는 일이며 남들이 정해준 길이 아니라 스스로 발견한 "나만의 대륙"을 향해 나아가는 것이다.

문학 작품처럼 다양한 인물과 이야기를 통해 인간 삶을 탐구하는 키르케고르의 철학은, 인간에 대한 하나의 완전한 지도를 그려 낸

다. 다양한 가명을 사용해 쓴 그의 글은 여러 삶을 소개한다. 유혹하는 젊은이의 모험, 신앙인의 고뇌, 꺾이지 않는 정의감을 지닌 판사의 삶 그리고 한 망자의 활기찬 독백에 이르기까지 각기 다른 주인공들이 등장한다. 이들은 서로 얽히고 맞물리며 자신의 선택을 지켜내야 하는 임무를 부여받는다. 각 장면마다 인물들은 존재 가능한 여러 좌표를 제시하며, 독자는 타인의 삶과 자신의 삶을 비교하고 다양한 대안을 고려해 선택한 길 위에서 자신을 발견할 수 있다.

비밀의 은유는 인간 영혼의 깊숙한 영역을 탐험하는 데서 시작된다. 비밀은 말로 표현할 수 없는 가장 주관적이고 개인적인 것으로, 내면의 핵심을 나타내는 이미지다. '비밀'을 통해 우리는 나와 타인을 구별하고, 삶의 여정에서 앞으로 나아갈 힘의 원천이 되는 각자의 고유한 개인성을 발견하게 된다.

실존주의

"무엇을 사유의 대상으로 삼을 것인가"가 아닌 "우리는 어떻게 존재하는가"라는 질문을 던지기 시작한 키르케고르의 철학적 전환은, 현실에 대해 완전하고 궁극적인 설명을 제시하려 했던 총체적 사상 체계의 종말과 함께 나타났다. 20세기 중반 이후, 프랑스 철학자 장 폴 사르트르는 '실존주의'라는 용어를 만들어 대중화했다. 사르트르가 '실존주의'라 명명한 것은 자신의 철학만이 아니라 특정 학파에 속하지 않으면서도 존재와 개인의 특수성에 집중한 철학자들과 작가들의 사상을 아우른다.

아편

마르크스
《헤겔 법철학 비판》서문
1818~1883

"종교는 민중의 아편이다."

독일의 철학자 카를 마르크스의 종교 비판은 종교를 사회적 문제로 분석한 점에서 이전 이론들과 차별화된다. 마르크스는 왕실 양귀비에서 추출한 강력한 환각제인 아편을 은유로 사용해, 종교를 현실에서 허락되지 않는 것을 초월적 세계에서 찾으려는 사회의 환상과 연결시킨다. 종교는 "억압된 자들의 한숨"이며, 노동력 외에는 가진 것이 없는 사람들의 실제적, 물질적 가난에 의지한다.

세속적인 고통을 초월해 행복을 약속함으로써 종교는 사회를 마치 몽유 상태에 빠뜨린다. 그로 인해 사회는 현실의 불의를 감지하고 이에 대응할 능력을 상실한다. 아편처럼 종교는 사회를 움직이는 경제적 기반을 짙은 연기로 가려버린다. 그러나 종교를 민중의 아편으로 만든 것은 우리가 살아가는 현실 세계의 조건이다. 결국 짙은 연기 속에 휩싸인 민중은 명확히 현실을 볼 수 없게 되고, 생각을 멈추게 되며 억압 상태는 지속된다.

종교와 사회경제적 구조가 긴밀히 얽혀 있다는 주장은 마르크스 이론의 가장 두드러진 특징 중 하나이다. 마르크스의 철학은 종교의 환상성을 비판하는 데만 초점을 맞추지 않는다. 또한 현실에서 환상이 완전히 사라지기를 요구하지도 않는다. 그는 불의를 극복하기 위해 이론과 실천을 결합하고, 이를 바탕으로 이성적이고 실천적인 사고에 집중한다. 그는 말했다. 철학자들은 세계를 다양한 방식으로 해석해 왔을 뿐이며, 이제 필요한 것은 세계를 변화시키는 실천이라고.

마르크스주의

사회를 혁명적으로 변화시키기 위해 철학을 동원하는 마르크스 이론은 하나의 이론을 넘어 인류에 거대한 영향을 미쳤다. 20세기에 들어서며 이 이론은 종종 왜곡되기도 했으나, 다양한 정치사회적 맥락 속에서 수많은 사상, 정당, 혁명 운동의 탄생에 기여했다. 마르크스 철학의 광범위한 확산과 실천적 행동에 대한 강조는 오늘날 정치 세계에서도 중요한 기준으로 남아 있다.

바 다

니체
《즐거운 지식》5부
1844~1900

"바다가, 우리의 바다가 다시 열렸다.
이렇게 '활짝 열린' 바다는 아마도 이전에 존재한 적이 없었을 것이다."

독일의 철학자 프리드리히 니체에게 바다는 철학이 다뤄야 할 광활하고 미지의 관념 세계를 상징한다. 니체는 땅을 딛고 서 있는 철학의 반대편에, 끊임없이 흐르는 불안정한 '존재의 바다'를 이야기한다. 그는 더 이상 안정된 토대에 의지하지 않고, 미지의 바다 위에서 정해진 항로 없이, 안전한 항구의 평온함을 버리고 불확실한 삶의 흐름을 마주하려는 인간 사유의 밑그림을 그린다.

니체는 경직되고 유연성이 결여된 모든 철학적 사고를 비판한다. 철학의 오류는 모든 사유가 반드시 단단한 땅에 발을 딛고 있어야 한다는, 즉 확고한 근거에 의존하는 집착에서 비롯된다. 고정되고 안정된 것에 대한 이 집착은 동화적 세계관을 만들어 낸다. 이 세계관은 더 우월한 '이상적 세계'를 설정하고, 끊임없이 그것과 비교하여 '현실 세계'를 열등하게 깎아내린다. 니체는 일식이 일어날 때처럼, 철학이 만들어 낸 관념의 세계가 우리가 살고 있는 현실 세계에 그림자를 드리워 그 생동감을 잃게 만든다고 주장했다.

바다의 은유를 통해 니체는 유동적이고 역동적이며, 현실을 생생하게 해석하는 전례 없는 철학적 관점을 향해 항해한다. 열린 사유의 바다에서 철학은 신의 죽음, 권력 의지, 영원 회귀, 진리의 상대성과 같은, 완전히 새로운 주제와 마주하며, 그 안에서 인간 존재의 의미를 탐구한다. 전통적으로 철학이 그려온 동화적 세계는 이제 삶의 의미를 삶 그 자체에서 발견하려는 새로운 길잡이로 대체된다.

관점주의

관점주의는 진리가 그것을 진술하는 관점에 따라 상대적이라는 철학적 사고의 틀이다. 이 용어는 1882년 독일의 철학자 구스타프 타이히뮐러가 처음 사용했지만, 곧 니체가 이를 채택해 발전시키고 대중화했다. "진리는 없다. 다양한 해석만이 존재한다."고 강조하는 관점주의에서 진리는 객관적 사실이 아니라 다양하게 해석될 수 있는 현상(증상)이다. 니체의 철학에서 눈에 띄는 것은, 지식이 불완전하고 보편적 진리가 존재하지 않는다는 전제하에 진리에 대해 새로운 질문을 던진다는 점이다.

빙 산

프로이트

《정신의 탐험가들》3장, 슈테판 츠바이크 저
1856~1939

"수 면 위 로 보 이 는 일 각 으 로 빙 산 의 크 기 를 가 늠 할 수 없 다 ."

프로이트의 오랜 친구였던 오스트리아 작가 슈테판 츠바이크가 그의 책에서 처음으로 빙산을 언급했을 때부터, 바다에 떠 있는 거대한 얼음 덩어리 이미지는 우리에게 유의미한 하나의 은유로 자리잡았다. 90%는 수면 아래 있고(무의식) 단 10%만이 물 위로 보이는(의식) 빙산의 이미지는 빈 출신의 의사 지그문트 프로이트가 제안한 혁명적인 분석 체계를 설명하는 상징이 되었다. 우리의 내면 세계는 의식의 영역에서 자유롭게 움직이는 것이 아니라, 수면 아래 잠긴 무의식 안에 숨겨진 에너지에 의해 지속적으로 압박을 받는다.

20세기 문턱에서 철학은 세상을 이해하기 위해 역사상 유례없는 다양한 접근 방식을 제시했다. 인간에 대한 전통적인 개념들은 더 이상 유효하지 않았다. 이제 인간은 원숭이의 후손(다윈)으로서, 사회를 지탱하는 경제 구조에 의해 결정되는 존재(마르크스)이며, 전복된 도덕적 가치 체계(니체)를 가진 존재로 이해되었다. 이러한 흐름에 결정적인 역할을 한 인물 중 하나가 프로이트였다. 1899년, 그는 자신의 저서 중 가장 많이 읽히고 영향력 있는《꿈의 해석》을 출간했다. 그 책에서 프로이트는 유물을 발굴하는 고고학자처럼 꿈의 세계를 깊이 탐험하며, 무의식에 존재하는, 힘과 충동과 관련된 다양한 이미지와 비유를 발견하고자 했다. 그의 설명에 따르면 무의식은 의식에 의해 억눌린 트라우마, 두려움, 은밀한 욕망과 잊혀진 갈등이 저장된, 인간 내면의 지하 창고와 같다.

프로이트의 이론은 정신 질환 치료를 위해 개발된 의학적 접근이었으나, 철학에도 지대한 영향을 미쳤다. 특히 인간의 무의식과 비이성적 행동에 대한 연구는 철학이 관심을 갖는 자기 인식, 실재의 본질, 사회 관습과 같은 주제를 탐구하는 데 결정적인 영향을 미쳤다. 그리하여 프로이트는 고전적 세계관에 도전하며 인간 정신의 복잡성을 이해하기 위한 새로운 길을 열었다.

정신분석학

1896년, 프로이트는 인간 마음의 갈등과 장애를 해결하기 위한 새로운 이론과 치료법을 명명하기 위해 '정신분석'이라는 용어를 고안했다. 사회과학과 예술 전반에 큰 반향을 일으킨 그의 접근 방식은 코페르니쿠스적 전환을 일으켰고, 초현실주의 운동에도 깊이 영향을 미쳤다. 초현실주의는 회화, 조각, 영화, 문학 등 다양한 형태의 예술로 발현되었고, 철학계에도 새로운 관점에서 정신, 지식, 도덕, 존재, 언어 및 사회에 대한 재고의 기회를 제공했다.

놀 이

비트겐슈타인
《철학적 탐구》7
1889~1951

"나는 또한 언어와 그 언어가 얽혀 있는 활동 전체도
'언어 놀이'라고 부를 것이다."

오스트리아의 철학자 루트비히 비트겐슈타인에게 '언어 놀이'는 단순한 은유가 아니라 그의 철학적 핵심 개념 중 하나이다. '언어 놀이'는 그의 마지막 철학적 작업을 상징하며 동시에 연구의 출발점과 최종 결론을 반영한다. 인간의 언어는 더 이상 단순히 사물을 지칭하는 고정된 단어들의 나열이 아니다. 언어는 맥락에 따라 의미가 달라지며, 특정 상황에서의 규칙을 따르는 끊임없이 변화하는 '놀이'이다.

비트겐슈타인은 이 개념에 이르기까지 긴 여정을 걸어왔다. 그의 첫 책《논리-철학 논고》(1922)는 철학사에 큰 영향을 미쳤으며, 여기서 비트겐슈타인은 언어를 현실 세계를 반영하는 명제들의 모음으로 간주했다. 참인 명제는 사실을 표현하고, 거짓인 명제는 사실과 일치하지 않는다. 비트겐슈타인에 따르면 철학의 모든 문제는 언어로

표현할 수 있는 것과 표현할 수 없는 것을 혼동하거나 잘못 사용하는 데서 생겨난다. 이에 대해 그는 '말할 수 없는 것에 대해서는 침묵해야 한다'고 결론지었다.

비트겐슈타인의 '언어 놀이' 은유는 그의 철학을 매우 근본적으로 재정의한다. 초기 저서《논리-철학 논고》에서 그가 정의한 언어는 잘못된 철학적 문제들을 해결하려 했지만, 언어의 실제 사용에서 중요한 측면을 충분히 다루지 못했다. 그러나 언어를 '놀이'로 이해하면서부터, 언어는 특정 행위와 맥락 속에서만 그 기능이 설명되기 시작했다. 즉, 각 단어의 의미는 주어진 상황에서 정해진 규칙에 따라 어떻게 사용되는가에 의해 결정되며, 놀이의 규칙이 바뀌면 의미도 달라진다.

언어 철학

20세기 초, 언어에 대한 완전히 새로운 관점이 등장하며 이후의 철학 사상에 큰 영향을 미쳤다. 소위 언어적 전환은
'생각'과 '말'이 별개의 활동이 아니라, 상호 연결된 활동임을 인식하는 계기를 제공했으며, 이로써 언어는 인간의 사고
체계와 문제 의식을 형성하는 데 깊이 관여하게 되었다. 언어는 더 이상 현실을 설명하는 단순한 수단이 아니라,
우리가 세상과 경험을 이해하는 방식을 구조화하는 강력한 힘으로 자리 잡았다.

아 우 라

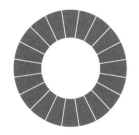

벤야민
《기술복제시대의 예술작품》
1892~1940

" 아 우 라 는   지 금 ,   여 기 와   연 결 되 어   있 다 .   복 제 란   있 을   수   없 다 . "

아우라는 일반적으로 사람, 사물 또는 장소를 둘러싼 눈에 보이지 않는 후광으로 이해된다. 독일의 철학자 발터 벤야민은 자신의 이론을 은유적으로 설명하기 위해 이 단어를 사용했다. 벤야민이 말하는 아우라는 창작 순간부터 시간이 흐르며 변형되는 예술 작품의 독창성, 진정성, 그리고 시간적·공간적 존재감을 의미한다. 예를 들어, 고대의 여신상이 지닌 아우라는 그 작품의 종교적 의미뿐만 아니라, 오랜 역사 속에서 변해 온 물리적 보존 상태와 소유권의 변화를 포함하고 있다.

1900년경 새롭게 등장한 사진과 영화 같은 복제 가능한 예술 형식은 예술의 유일성과 특정 시간과 장소에 묶인 한정된 가치를 약화시켰다. 복제 불가능한 고유성에서 비롯된 '아우라'는 점차 희미해지고 결국 사라지기에 이르렀다. 예술 작품이 기술적으로 복제 가능한 시대에는 원본의 아우라는 복제 과정에서 의미를 상실하게 된다. 그리하여 작품을 감상하는 사람과 예술 작품의 관계도 변하고, 그 과정에서 예술적 경험의 본질 또한 변화한다. 새로운 예술 형식은 대중의 요구에 부합하며 시장에 등장했고, 선전물로 활용되기에 용이한 형태로 자리 잡게 되었다.

벤야민의 저서에 등장하는 수많은 은유와 비유는 기억, 역사, 문화, 인간 경험에 관한 그의 사유를 전달한다. 그의 사고는 체계적인 이론이라기보다 단편적인 통찰의 모음이며, 그럼에도 사유 방식을 바꾸는 힘을 지닌다. 벤야민은 새롭고 복잡한 개념들을 설명하고, 보이지 않는 개념을 시각화하여 설명하는 재능을 지녔다. 그의 저서는 오늘날 우리에게 예술과 현대 사회에 대한 끊임없는 성찰을 이끈다.

프랑크푸르트 학파

프랑크푸르트 학파라는 명칭은 1923년 독일 프랑크푸르트 대학교에 '사회연구소'가 설립되면서 시작되었다.
당시 많은 젊은 학자들이 이 연구소에 참여했으며, 이 집단은 프랑크푸르트 학파로 불렸다. 학파의 주요 관심사는 도구적
이성 비판, 대중문화, 직장 내 소외 그리고 권력 관계에서 국가의 역할 등이다. 발터 벤야민은 프랑크푸르트 학파에
속하지는 않았지만, 그 구성원들과 지적으로 친밀한 관계를 유지했다. 특히 테오도르 아도르노와 가까웠다.

사 막

아렌트
《사유 일기》
1906~1975

"사막은 인간 내면에 있는 것이 아니라 인간과 인간 사이에 존재한다."

독일의 철학자 한나 아렌트는 종종 현실에 대한 자신의 사유를 공간적 은유로 표현한다. 공적 공간과 사적 공간의 대비, 땅과 세상의 구분 또는 은신처, 오아시스, 사막과 같은 용어는 아렌트의 문체적 특징이자, 인간 행동의 본질에 대한 그녀의 이해를 요약하는 데 중요한 도구이다. 그중에서도 사막 은유는 가장 강력한데, 아렌트가 말하는 사막은 사람과 사람 사이의 사회적·정치적 공간이 사라질 때 생겨나는 황폐한 공간을 가리킨다.

아렌트는 아리스토텔레스의 고전적 정의처럼 인간을 정치적 동물로 여기는 것이 정치의 본질을 놓치게 한다고 생각했다. 인간은 그 자체로 정치적 존재가 아니며, 정치는 사람과 사람 사이, 공적이고 공통된 공간에서 나타난다고 보았다. 사막은 바로 이러한 공적 공간이 사라진 결과이다. 정치가 부재할 때 사막은 확장된다. 파시즘과 전체주의의 바람은 모래 폭풍처럼 불어와 남아 있던 건강한 상호작용의 공간과 인간성을 말살하려는 세력에 맞서 살아 있는 작은 오아시스까지도 덮쳐 버린다. 더 큰 위험은 우리가 회피와 오락이라는 신기루에 빠져, 귀신처럼 떠돌며 사막의 삶에 적응할 수 있다는 사실이다.

사막, 신기루, 오아시스, 모래 폭풍 등 다양한 은유를 통해 아렌트는 상실감과 길을 잃은 현대인의 상태를 걱정한다. 중요한 것은 우리 사이의 사회적 공간, 즉 '사이 공간'을 지켜내는 것이다. 신기루나 거짓된 대안적 오아시스에 현혹되지 않고 사막의 확장을 막아야 한다.

현대철학

제2차 세계대전(1939~1945)은 이전의 낙관주의에 의문을 제기하며 진리, 지식, 권력에 대한 새로운 관점을 제시하면서 철학에 대한 재평가를 불러왔다. 대량 파괴, 홀로코스트의 공포 그리고 최초의 핵무기 사용으로 인해 전쟁은 과학과 이성에 기반한 인류의 진보에 대한 믿음을 크게 흔들었다. 이 역사적 맥락에서 등장한 현대철학은 시대적 책임감과 함께 악의 본질, 인간 존재의 취약성과 우연성에 대해 새로운 시각으로 접근하게 되었다.

리좀

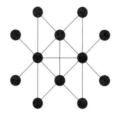

들뢰즈 · 가타리

《천 개의 고원: 자본주의와 분열증》서론: 리좀
1925~1995 · 1930~1992

"리좀은 시작도 끝도 갖지 않고 항상 중간에 있다."

식물학에서 리좀은 수평으로 자라는 땅속 줄기이다. 프랑스의 철학자 질 들뢰즈와 펠릭스 가타리는 자신들의 철학적 접근 방식을 설명하기 위해 리좀이라는 단어와 식물학적 이미지를 차용했다. 대부분의 지식 체계가 하나의 중심 주제에서 하위 개념 또는 하위 범주로 가지를 뻗어가는 방식으로 구성된다면, 리좀의 은유는 그와 반대되는 지식 체계를 시각화한다. 리좀(뿌리줄기)은 뿌리, 기둥, 가지가 있는 수직적이고 선형적인 나무 구조와 달리, 이질적인 요소들이 상호 연결되어 다방향으로 작동하는 수평적 사고 모델을 설명한다.

이러한 관점에서 지식, 문화, 사회는 모든 지점이 서로 연결될 수 있는 횡단적 네트워크로 간주된다. 단일한 기원이나 원인을 찾기보다는, 현실을 다양한 요인과 힘, 현상들이 상호작용한 결과로 이해

한다. 이 '리좀식' 사고는 지식에까지 영향을 미치는 억압적이고 지배적인 '수목식' 사회 위계 구조에 저항한다.

철학계에서 공동 저술은 흔치 않다. 더구나 공동 저자들이 다중 인격을 가지고 있다고 선언하는 경우에는 더욱 그렇다. 식물학 이미지를 빌려 철학 이론을 설명하려는 시도는 보다 더 이례적이다. 새로운 사고의 틀에는 새로운 은유가 필요하다고 생각한 들뢰즈와 가타리는, 이전과는 전혀 다른 방식으로 자신들의 철학을 설명하고자 했고, 그 방식이 기존의 고정관념을 타파하고 불변하는 단일한 의미를 추구하지 않는 혁명적인 방식이길 바랐다. 들뢰즈와 가타리는 리좀을 "유목적 전쟁 기계"라 표현하며, 사방에서 우리를 억압하는 인위적 권력 매커니즘을 해체하기 위한 도구로 사용했다.

구조주의와 포스트구조주의

구조주의는 20세기 중반 이후 프랑스에서 발생한 철학 조류이다. 구조주의자들은 인간과 문화 현상을 개별적으로
이해할 수 없으며, 근본 요소들의 상호 관계와 이를 구성하는 기저 구조 안에서 의미를 갖는다고 주장한다.
이에 반해 포스트구조주의자들은 더 이상 고정되거나 결정된 관계와 구조를 해체하면서 다양한 해석에 열려 있는 역동적인
철학을 추구했다. 포스트구조주의는 현실의 의미가 고정된 것이 아니라 개인이 스스로 구성하고 협상하는 것으로 본다.

동 양

사이드
《오리엔탈리즘》서문II
1935~2003

"동양은 오리엔탈리즘에 의해 규정되었다."

'동양'은 추상적인 생각이나 철학적 개념을 설명하기 위해 새로이 고안된 메타포가 아니라는 점에서 철학 은유의 역사에서 매우 특별한 사례이다. '동양'이라는 일반 명사에 새로운 의미를 부여해 변하지 않는 현재성을 지닌 은유로 재탄생시킨 이는 팔레스타인계 미국인 사상가이자 활동가 에드워드 사이드이다. 사이드의 동양 은유는 특정 장소가 아닌 관념을 의미하기에 은유로 작용한다. 또한 서구가 자기 목적과 이익을 달성하기 위해 만들어 내고 영구화한 담론들을 문화적, 사상적으로 비판한다.

'동양(Orient)'과 '서양(Occident)'의 어원은 동쪽과 서쪽을 의미하는 라틴어에서 유래한다. 유럽의 관점에서 '동양'이라는 용어는 단순한 지리적 명칭을 넘어, 동양과 서양을 대조하고 구별 짓는 사고 방식을 반영한다. 서양은 지식에서 우위를 점하며 동양을 지배하고 재구성할 수 있다고 생각한다. 또한 동양은 이성적이고 발전된 서양에 비하여 이국적, 낙후적, 비합리적이며 위험하고 열등하다고 본다. 따라서 '동양'의 개념은 동양에 대한 서구의 개입을 정당화하는 수단으로 역사 전반에 걸쳐 사용되어 왔다. 결론적으로 오리엔탈리즘은 중립적인 사실들을 모은 것이 아니라, 현실을 있는 그대로 반영하기보다는 또 다른 현실을 만들어 내는 담론이다.

동양의 은유는 객관적으로 보이는 문화적 표현이 어떻게 권력 및 정치와 상호작용하며 '타자'와 '그들'에 대비되는 '나'와 '우리'의 개념을 형성하는 데 관여하는지 이해하는 데 도움을 준다. 1978년 출간된 사이드의 《오리엔탈리즘》은 서구 식민주의가 우리의 사고 방식에 미친 영향에 대한 연구이자, 식민주의 잔재를 넘어서고자 하는 노력의 출발점이 되었다.

탈식민주의

탈식민주의는 식민주의가 남긴 물질적·정치적 결과와 개인 및 사회의 사고 방식에 미친 영향에 대한 비판적 반응으로 시작되었다. 특히 정체성 문제와 식민주의 시대가 끝난 후에도 남아 있는 식민지적 사회 및 인식 구조가 지식의 형태와 표현에 어떻게 영향을 미치는지 탐구했다. 탈식민주의는 언제나 학제적이며, 정체성과 상속된 사고 방식에 저항하며 폭넓은 대화를 추구한다. 비판 없이 물려받은 사상들을 해체하고 역사 속에서 소외되었던 이들의 목소리에 주목하며, 제국주의적 식민주의의 그늘에서 벗어나 새로운 세상을 모색한다.

매트릭스

버틀러
《주체 의식》 서문
1956~

"이 관계들은 주체 형성을 위한 매트릭스를 구성한다."

자궁을 의미하는 '매트릭스(matrix)'라는 라틴어 단어는 인간 세계에서는 어머니, 동물 세계에서는 암컷의 생명 창조 능력을 나타낸다. 이 어원에서 비롯해 은유적으로 확장된 매트릭스는 여성의 자궁이나 거푸집과 같은 구체적인 사물이든, 아이디어 같은 추상적이고 관념적인 것이든 무언가가 생성, 발전하는 장소나 환경을 지칭한다.

매트릭스는 또한 1999년 개봉해 대중문화에 큰 영향을 미친 SF 영화 시리즈의 제목이기도 하다. 영화 속 매트릭스는 기계가 만들고 통제하는 가상 세계이자 기계의 지배를 받는 인간이 실제라고 믿는 세계를 의미한다. 이와 유사하게 미국의 철학자 주디스 버틀러의 매트릭스 은유는 주체적 정체성의 형성, 특히 사회문화적 맥락에서 남성과 여성이라는 젠더 개념을 규제하는 2진법적 체계인 '이성애 매트릭스'의 작동 방식을 설명하기 위해 사용되었다.

매트릭스 은유는 여성성과 남성성에 대한 우리의 생각이 특정한 규범 체계 내에서 구성되는 방식을 설명한다. 여기서 젠더는 인간의 생물학적 특성과 연관된 고정되고 고유한 개념을 말하는 것이 아니다. 젠더의 개념은 반복되는 언어적 행위와 수행적 행동을 통해 형성되며, 이 반복적 수행을 통해 형성된 젠더 인식은 사회적으로 정의된 젠더의 의미에 부합하여, 마치 자연스럽고 변함없는 개념인 듯 보인다. 하지만 반복의 실패, 즉 기존의 규범 체계를 벗어나는 행동이 발생할 때 비로소 보이지 않던 매트릭스가 가시화된다. 이러한 순간에 우리는 강제된 젠더 규범에 도전하고 변화를 꾀할 수 있는 저항의 기회를 맞이한다.

페미니즘 철학

페미니즘 철학은 다양한 접근 방식과 사조로 구성된 철학의 한 분과이다. 페미니즘 철학은 남성 중심의 전통적 철학 이론과 그 실천이 어떻게 여성과 기타 성 정체성을 가진 집단을 향한 차별을 강화해 왔는지 비판적으로 검토한다. 따라서 페미니즘 철학자들은 젠더 규범이 불평등의 근본 요인으로 작용하는 방식을 검토하고, 거기에 여성과 그 외 소외된 집단의 경험과 관점이 반영되기를 원한다. 이들의 목표는 이론이 정치적 행동으로 이어져 단순히 인식의 변화만이 아닌 사회적, 정치적 변혁을 이끌어 내는 것이다.

액체

바우만

《리퀴드 라이프》서문: 액체 현대에서의 삶

1925~2017

"삶의 유동성과 사회의 유동성은 상호작용하며 강화된다."

철학적 은유의 여정을 시작하면서, 실재하는 모든 것의 변화와 운동성을 나타내기 위해 강과 강물의 흐름을 은유로 사용했다면, 이제 여정을 마무리하며 우리가 사는 시대의 불안정성, 불확실성 그리고 끊임없는 가변성을 상징하는 '액체' 은유에 주목해 보고자 한다.

새로운 천년을 맞이할 때, 폴란드 출신 철학자이자 사회학자였던 지그문트 바우만은 제목에 '액체'라는 은유를 포함한 일련의 책을 발표했다. 《액체 현대》(2000), 《리퀴드 러브: 사랑하지 않을 권리》(2003), 《리퀴드 라이프》(2005), 《유동하는 공포》(2006), 《리퀴드 타임즈》(2007)가 그것이다. 과거 '고체 근대성'이 겉으로 보기에는 안정적이고 지속 가능한 개인적, 사회적, 정치적 구조를 가졌다면, 바우만이 정의한 '액체 근대성'의 삶은 끊임없이 형태와 경로를 바꾸며 이동

한다. 사회 구조는 급격히 변화하며, 사람들이 적응할 겨를도 없이 해체되고, 인간 간의 연대는 약해지며 공동체 의식은 희미해진다. 개인의 정체성은 부유하며 관계, 유행 그리고 무분별한 소비의 영향을 받으며 쉽게 변한다.

'액체 현대'라는 개념은 현시대의 빠른 변화를 이해하는 데 중요한 시각을 제공한다. 하지만 쓸수록 무뎌지는 칼처럼, 은유가 지나치게 남용되면 원래의 날카로운 통찰을 잃을 수도 있다. 은유를 과도하게 일반화하고 무분별하게 사용해서 문제의 대안적 해결책을 모색하기 어려운 상태가 된다면, 철학은 처음부터 다시 출발해야 한다. 미래를 위해 철학은 가만히 고정된 이론으로 남아서는 안 되며, 계속 변화하는 세계 속에서 능동적으로 사유하고 행동해야 하기 때문이다.

오늘날의 철학: 에필로그

21세기에 들어서며 철학은 여러 심각한 문제들과 마주하고 있다. 기후 변화, 지속 가능한 환경, 성 평등, 탈식민주의 사상
그리고 인간과 기계, 동식물 간 관계의 재설정을 요구하는 탈인본주의적 관점 등은 철학에 새로운 주제를 던지며
다른 과학 및 지식 분야와 활발한 대화를 촉구하고 있다. 지금이야말로 우리가 살아가는 시대에 맞는 새로운
철학적 은유가 필요한 때일지도 모른다. 어쩌면 이미 우리는 과거의 은유를 넘어서며 인간 사고의 지평을 넓혀 줄
새로운 은유를 찾는 길에 서 있을지도 모른다.

연대표

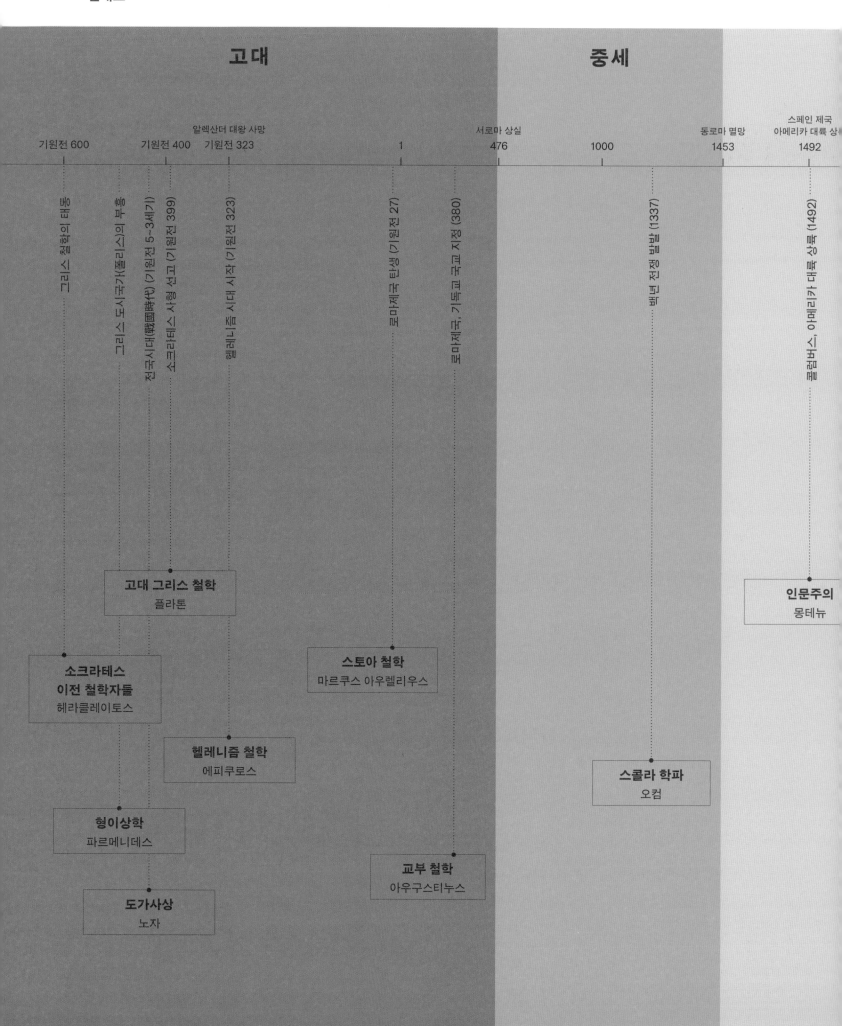

고대

중세

알렉산더 대왕 사망

서로마 상실

동로마 멸망

스페인 제국
아메리카 대륙 상륙

기원전 600

기원전 400 기원전 323

1

476

1000

1453

1492

그리스 철학의 태동

그리스 도시국가(폴리스)의 부흥

전국시대(戰國時代) (기원전 5~3세기)

소크라테스 사형 선고 (기원전 399)

헬레니즘 시대 시작 (기원전 323)

로마제국 탄생 (기원전 27)

로마제국, 기독교 국교 지정 (380)

백년 전쟁 발발 (1337)

콜럼버스, 아메리카 대륙 상륙 (1492)

고대 그리스 철학
플라톤

인문주의
몽테뉴

소크라테스
이전 철학자들
헤라클레이토스

스토아 철학
마르쿠스 아우렐리우스

헬레니즘 철학
에피쿠로스

스콜라 학파
오컴

형이상학
파르메니데스

교부 철학
아우구스티누스

도가사상
노자

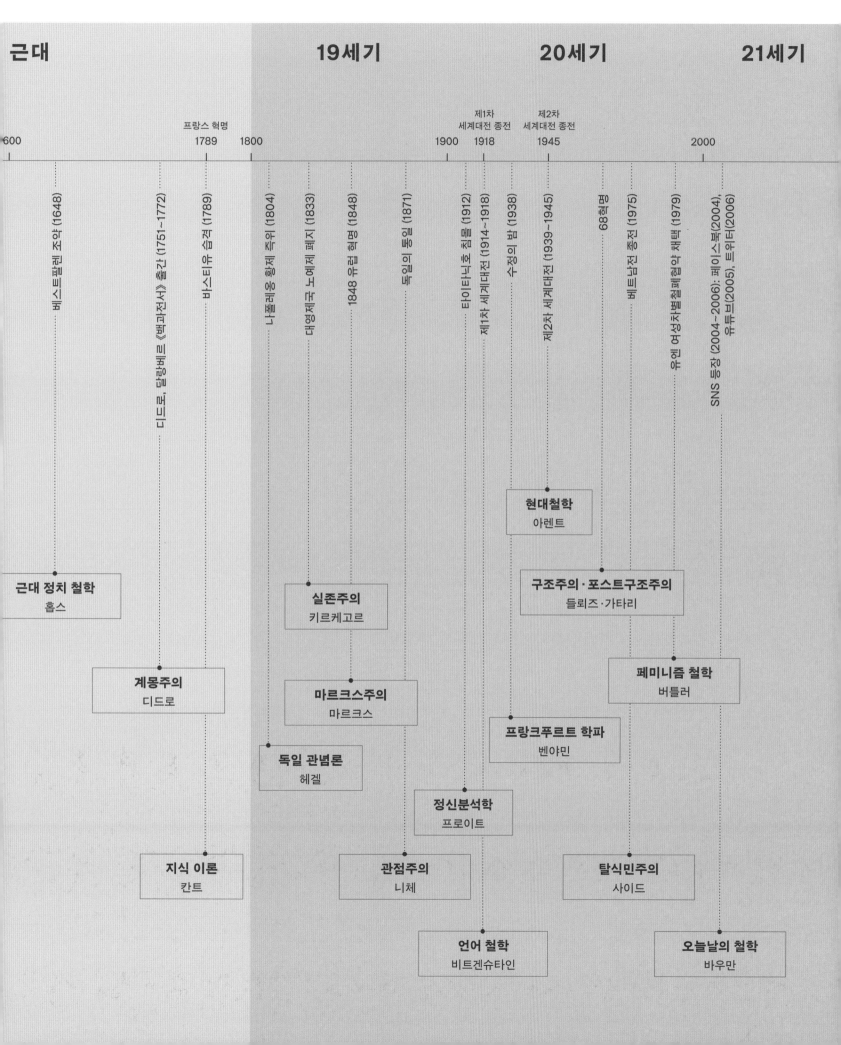

근대　19세기　20세기　21세기

프랑스 혁명
1789

600　1800　1900 1918　1945　2000

제1차
세계대전 종전
제2차
세계대전 종전

베스트팔렌 조약 (1648)
디드로, 달랑베르 《백과전서》 출간 (1751~1772)
바스티유 습격 (1789)
나폴레옹 황제 즉위 (1804)
대영제국 노예제 폐지 (1833)
1848 유럽 혁명 (1848)
독일의 통일 (1871)
타이타닉호 침몰 (1912)
제1차 세계대전 (1914~1918)
수정의 밤 (1938)
제2차 세계대전 (1939~1945)
68혁명
베트남전 종전 (1975)
유엔 여성차별철폐협약 채택 (1979)
SNS 등장 (2004~2006): 페이스북(2004), 유튜브(2005), 트위터(2006)

현대철학
아렌트

근대 정치 철학
홉스

구조주의·포스트구조주의
들뢰즈·가타리

실존주의
키르케고르

계몽주의
디드로

페미니즘 철학
버틀러

마르크스주의
마르크스

프랑크푸르트 학파
벤야민

독일 관념론
헤겔

정신분석학
프로이트

지식 이론
칸트

관점주의
니체

탈식민주의
사이드

언어 철학
비트겐슈타인

오늘날의 철학
바우만

우리의 스승, 에밀리오 예도를 기억하며

- 페드로 알칼데, 멀린 알칼데

철학의 은유들

2024년 12월 6일 1쇄 발행

글쓴이 페드로 알칼데, 멀린 알칼데
그린이 기욤 티오
옮긴이 주하선
디자인 김민정
편집 박시영

펴낸곳 도서출판 단추
발행인 김인정

www.danchu-press.com
hello@danchu-press.com
출판등록 제2015-000076호

Metaphora

© 2024, for the texts: Pedro Alcalde, Merlín Alcalde
© 2024, for the illustrations: Guim Tió
© 2024, for the edition: Zahorí Books
Sicília, 358 1-A · 08025 Barcelona Spain
www.zahoribooks.com

ISBN 979-11-89723-36-1 03100